Inhalt

Energieversorgung - Kaukasus-Konflikt heizt Gerangel um Ostsee-Pipeline an

Kernthesen

Beitrag

Fallbeispiele

Zahlen und Fakten

Weiterführende Literatur

Impressum

Energieversorgung - Kaukasus-Konflikt heizt Gerangel um Ostsee-Pipeline an

Autor GENIOS BranchenWissen: A.Schneider

Kernthesen

- Durch Georgien führen geostrategisch wichtige Öl- und Gas-Pipelines wie die Baku-Tiflis-Ceyhan (BTC)-Pipeline, die Südkaukasus-Pipeline und die Baku-Supsa-Pipeline. Während des jüngsten Kaukasus-Konflikts wurden die Pipelines aus Sicherheitsgründen vorübergehend geschlossen.
- Der Georgienkrieg hat die Diskussionen um die geplanten Pipeline-Projekte Nabucco, South-Stream und die Ostseepipeline

wieder angeheizt. Sie spiegeln den Interessenkonflikt zwischen den USA (und Europa) und Russland wider.

- Die USA setzen sich mit sehr starkem, die Europäer mit etwas verhaltenem Engagement für den Bau der Erdgas-Pipeline Nabucco ein, um die Abhängigkeit vom Erdgaslieferanten Russland zu verringern. Dieser hingegen will sich über die South-Stream-Pipeline und die Ostsee-Röhre den direkten Zugang zum westeuropäischen Absatzmarkt erschließen.

Beitrag

Ist Russland zuverlässig oder nicht, das ist erneut die Frage, die der jüngste Kaukasus-Konflikt aufgeworfen hat. Das militärische Eingreifen in Georgien schreckte die USA, die West- und Osteuropäer auf und gab Anlass, die geplante Ostsee-Gas-Pipeline von Russland nach Deutschland mal wieder in Frage zu stellen.

Russland ist der globale Toplieferant bei Erdgas. Sein Anteil an den Weltgasreserven beträgt über 26 Prozent. [Abb.1] Auch für die deutschen Energieverbraucher ist Russland Energielieferant Nr.

1. Etwa 32 Prozent der deutschen Ölimporte und 36 Prozent der Gasimporte kommen aus Russland. Zwar hat sich Russland in den letzten 35 Jahren für Deutschland als ein zuverlässiger Energielieferant erwiesen, doch eine gewisse Nervosität ist nicht von der Hand zu weisen. (1)

Der Georgienkrieg hat die divergierenden energie- und sicherheitspolitischen Abhängigkeiten erneut offenbart und die Sorgen um die zuverlässige Energieversorgung aufflackern lassen. Und so melden sich auch prompt etliche Spieler im weltweiten Energie- und Machtpoker zu Wort: Russland ließ in Georgien seine militärischen Muskeln spielen, die USA übten in Sachen Ostseepipeline Druck auf diplomatischem Wege aus, die EU versuchte ihrem energiepolitischen Kurs standzuhalten, Schweden, Polen, die baltischen Länder und die Türkei ergriffen die Gelegenheit, um ihre Standpunkte zu verdeutlichen.

Georgien ist wichtiges Transitland für Energie, die aus dem Kaspischen Meer nach Europa fließt

Durch Georgien führen geostrategisch wichtige Öl-

und Gas-Pipelines. Sie sind wirtschaftlich von großer Bedeutung, da sie dem Land hohe Transfergebühren einbringen. Ihre energiepolitische Brisanz liegt darin, dass Georgien, ein tendenziell westlich orientiertes Land, als Transitland für Erdöl und Erdgas aus kaukasischen und zentralasiatischen Staaten nach Europa eine bedeutende Rolle spielt und zwar unter Umgehung russischer Pipelines. (2)

Für die Türkei ist Georgien ein besonders wichtiger Energiekorridor. Öl- und Gaspipelines verlaufen aus der Region am kaspischen Meer über Georgien in die Türkei. Weitere Leitungen sind in der Planung. Das ärgert die Russen, die das Öl und Gas über eigene Pipelines transportieren wollen. Die Türkei steckt damit in der Zwickmühle. Einerseits ist sie energiepolitisch abhängig von Russland, denn fast 70 Prozent ihres Gasbedarfs und 50 Prozent ihrer Kohle lässt sie aus Russland liefern. Andererseits ist sie sicherheitspolitisch an die Nato gebunden und strebt die Aufnahme in die EU an. (3)

Die Türkei hat den Bau der **Baku-Tiflis-Ceyhan (BTC)-Pipeline**, auch Transkaukasische Pipeline genannt, vorangetrieben. Sie liefert Erdöl aus Aserbaidschan über Georgien an Russland und Iran vorbei - an den türkischen Mittelmeerhafen Ceyhan. Betrieben wird sie mehrheitlich vom Erdölkonzern BP, der einen Anteil von 30,1 Prozent hält, die aserbaidschanische Staatsgesellschaft Socar hält 25 Prozent. Die BTC-Pipeline hat eine Kapazität von 1 Million Barrel Erdöl pro Tag, was 1 Prozent des Erdölangebots der Welt entspricht. Sie soll künftig auch kasachisches Erdöl transportieren und zu einer Kapazität von 1,8 Millionen Barrel ausgebaut werden.Cineasten und James-Bond-Fans ist die Pipeline indirekt bekannt. Im Film Die Welt ist nicht genug (1999) ist Elektra King (Sophie Marceau) für den Bau einer Ölpipeline verantwortlich, die vom Kaspischen Meer durch den Kaukasus zur türkischen Mittelmeerküste führt.

Parallel verläuft die **Südkaukasus-Pipeline**, die über 690 km Erdgas aus dem Kaspischen Meer vom aserbaidschanischen Baku über Tiflis in Georgien nach Erzurum in der Türkei transportiert. Sie kann jährlich 6,6 Milliarden Kubikmeter Gas durchleiten, eine spätere Verdoppelung soll möglich sein. Betreiber ist ebenfalls BP. Die **Baku-Supsa-Pipeline** kann bis zu 100 000 Barrel Erdöl pro Tag von Baku nach Supsa, einer georgischen Erdölverladestation am Schwarzen Meer, liefern. Während des jüngsten Kaukasus-Konflikts wurden die Pipelines vom Betreiber British Petroleum (BP) aus Sicherheitsgründen vorübergehend geschlossen. Die Baku-Tiflis-Ceyhan-Route war allerdings bereits zuvor außer Betrieb, weil ein Anschlag auf die Leitung verübt worden war, zu dem sich die kurdische Arbeiterpartei PKK bekannt hatte.

Konkurrenzprojekte Nabucco versus South-Stream offenbaren alten Ost-West-Konflikt

Der Georgienkrieg hat auch die Diskussionen um die Pipeline-Projekte Nabucco, South-Stream und die Ostseepipeline wieder angeheizt. Über die South-Stream-Pipeline und die Ostsee-Röhre will sich Russland den direkten Zugang zum westeuropäischen Absatzmarkt erschließen. Die konkurrierenden Pipelineprojekte Nabucco und South Stream spiegeln den Interessenkonflikt zwischen den USA (und Europa) und Russland wider. Die USA setzen sich mit sehr starkem, die Europäer mit etwas verhaltenem Engagement für den Bau der Erdgas-Pipeline **Nabucco** ein. Nabucco soll die Abhängigkeit vom Erdgaslieferanten Russland verringern.Sie soll über 3 400 km Gas aus der Region am Kaspischen Meer und aus dem arabischen Raum nach Europa bis nach Wien liefern. Ein Teil des Gases soll in der Türkei verbleiben, etwa 50 Prozent fließen weiter an den zentraleuropäischen Gasumschlagpunkt in Baumgarten bei Wien, von dort aus erfolgt die Weiterleitung in die Tschechische Republik, nach Deutschland, Italien und Frankreich. Das Nabucco-

Konsortium unter Führung des österreichischen Erdöl- und Erdgaskonzerns OMV rechnet mit Gesamtkosten von 7,9 Milliarden Euro (ursprünglich waren 4,4 Mrd. Euro kalkuliert). Weitere Anteilseigner sind die ungarische MOL, die nationale rumänische Gas-Transportgesellschaft Transgaz, die Bulgargaz, die staatliche türkische Botas und als jüngstes Konsortiumsmitglied Deutschlands zweitgrößter Energiekonzern RWE.
Die endgültige Entscheidung, ob investiert wird, soll 2009 fallen, Baubeginn wäre dann 2010, von 2013 an könnte das Erdgas befördert werden, endgültige Fertigstellung wäre 2020.

Die USA fürchten, dass der Georgien-Konflikt negative Auswirkungen auf den Bau dieser Pipeline haben könnte und diesen weiterhin verzögert. Ohnehin sind die Meinungen über den Sinn und die Wahrscheinlichkeit einer Realisierung von Nabucco geteilt. Die zentrale Frage ist, woher das Gas kommen soll, das durch die Pipeline strömt. Das Shah Deniz Gasfeld in Aserbaidschan, die bisher aussichtsreichste Quelle, könnte ab 2013 etwa acht bis zwölf Milliarden Kubikmeter pro Jahr liefern. Doch die Gesamtkapazität wird in der Endausbaustufe 25 bis 31 Milliarden Kubikmeter im Jahr betragen. Dazu müssten Gasfelder politisch umstrittenen Ländern wie Turkmenistan, Kasachstan, Iran, Irak oder Ägypten angezapft werden.

Nabucco heißt die Pipeline übrigens deshalb, weil nach Unterzeichnung eines ersten Vertrags Ende 2002 die Projektteilnehmer in die Wiener Staatsoper eingeladen waren, wo an diesem Abend die Verdi-Oper Nabucco aufgeführt wurde. (4), (5), (6)

South-Stream

ist die russische Antwort auf Nabucco. Sie soll russisches und zentralasiatisches Erdgas unter dem Schwarzen Meer hindurch via Russland und unter Umgehung der Türkei nach Italien und Österreich bringen. Als Partner wollen die russische Gazprom und der italienische Energieversorger Eni zusammenarbeiten. Derzeit werden die Realisierungschancen für South-Stream besser eingeschätzt als die für Nabucco. Bulgarien, Serbien und Ungarn haben einer Durchleitung bereits zugestimmt. Die russischen Gasreserven können die Pipeline füllen. Bis 2013 soll die Leitung stehen. Die Kapazität soll im Endausbau etwa 31 Milliarden Kubikmeter pro Jahr betragen. Die Kosten werden auf mehr als 10 Milliarden Euro geschätzt.

US-Regierung interveniert erneut

gegen die geplante Ostsee-Pipeline

Russland arbeitet unablässig daran, seine Stellung als bedeutendster Gaslieferant Europas auszubauen. Ein Mosaikstein ist dabei die geplante Ostsee-Pipeline, das Sahnestückchen der Freundschaft zwischen den Ex-Staatshäuptern Putin und Schröder. Durch die 1 200 Kilometer lange Pipeline sollen ab 2011 zunächst jährlich 27,5 Milliarden Kubikmeter Erdgas vom russischen Wyborg ins deutsche Greifswald geschickt werden. Nach ihrem endgültigen Ausbau soll die Kapazität sogar 55 Milliarden Kubikmeter betragen. [Abb.2]
Das Projekt soll 7,4 Milliarden Euro kosten. Die Gesellschafter des Betreiber-Konsortiums sind Gazprom (51 Prozent), Wintershall (20 Prozent), Eon Ruhrgas (20 Prozent) und die niederländische Gasunie (neun Prozent). Doch noch ist der Bau der Pipeline nicht genehmigt und zahlreiche Bedenken nicht zerstreut.

Die Schlüsselrolle im Genehmigungsprozess fällt Schweden zu, da die Gas-Pipeline zu einem großen Teil durch schwedisches Hoheitsgebiet verläuft. Bisher halten sich die Schweden eher bedeckt und halten mit Umweltbedenken den Projektfortschritt auf.

Angesichts des russischen Einmarsches in Georgien intervenierten die USA massiv. Der US-Botschafter in Schweden forderte die Regierung in Stockholm in einem Zeitungsartikel auf, die geplante Gas Pipeline durch die Ostsee zu stoppen. Er begründete dies damit, dass Moskau mit der Invasion in Georgien dem Pipelineprojekt Nabucco, mit dem kaspisches Gas über die Türkei nach Europa geliefert wird, einen "harten Schlag" versetzt habe. Die Amerikaner sehen die wachsende Abhängigkeit Europas vom russischen Öl und Gas mit zunehmendem Unmut. Sie haben den US-Firmen verboten, direkt oder über europäische Töchter am Bau der Pipeline teilzunehmen.

Wenig begeistert waren und sind auch die Polen sowie die baltischen Staaten Estland, Lettland und Litauen. Sie fühlen sich ausgeschlossen und fürchten, von den europäischen Energienetzen abgeschnitten zu sein. Ihnen wäre es verständlicherweise lieber, wenn statt der Ostsee-Pipeline zusätzlich zu der bestehenden Jamal-Leitung eine zweite Pipeline über ihr Territorium verlegt würde, durch die zusätzliches russisches Gas sowohl nach Westeuropa als auch in diese Länder transportiert werden könnte. Polen bezieht 90 Prozent seines Öls und 70 Prozent seines Erdgases aus dem Nachbarland. (7), (8)

Europa strebt nach Unabhängigkeit

Angela Merkel folgt dem Kurs Gerhard Schröders, wenn auch deutlich zurückhaltender. Sie weiß, dass Deutschland immer mehr Erdgas braucht und bis auf weiteres auf das russische Gas nicht verzichten kann. Auch Europa insgesamt ist abhängig vom Gas. Derzeit werden nach Angaben der Internationalen Energieagentur (IEA) jährlich 550 Milliarden Kubikmeter verbraucht, 2030 sollen es dann schon 770 Milliarden sein. Die innereuropäischen Gasquellen werden nicht ausreichen.

Energiepolitische Diversifizierung und vielfältige Lieferbeziehungen sollen die Abhängigkeit Europas von Russlands Energiereserven reduzieren. Die einen setzen auf Atomkraftwerke (z.B. Frankreich, Großbritannien), die anderen auf erneuerbare Energien (z.B. Deutschland). Alternative Gaslieferanten werden stärker ins Boot geholt (z.B. Gas aus Norwegen und Algerien - siehe Cases). In Form von Flüssiggas wird der Energieträger in speziellen Kühlfrachtern sogar aus Ländern wie Katar, Nigeria oder Trinidad und Tobago herbei geschifft.

Fazit

Der Kaukasus-Konflikt in Georgien hat das alte Misstrauen zwischen den USA und Russland erneut deutlich werden lassen. Die Europäer sind abhängig von Russlands Öl- und Gasvorräten und ziehen sich damit zunehmend den Unmut der Amerikaner zu. Die europäische Energiepolitik ist uneins. Dies könnte sich negativ auswirken, da bei dem ganzen Gerangel nicht vergessen werden sollte, dass Westeuropa noch ganz andere Konkurrenten um das zentralasiatische Gas haben: nämlich Indien und China. Turkmenistan und Kasachstan haben bereits Verträge mit Indien und China unterschrieben. In Iran sind die Chinesen sehr aktiv.

Fallbeispiele

Norwegen

stellt eine attraktive innereuropäische Alternative zu Russland als Erdgaslieferant dar. 2007 wurde die Langeled-Pipeline von Norwegen nach England fertiggestellt. Mit 1 200 Kilometern ist es die längste Unterwasser-Pipeline der Welt. Sie deckt in Großbritannien ein Fünftel des Gasbedarfs. Norwegen ist bisher Deutschlands zweitwichtigster Energielieferant. Die deutsche Energiepolitik und wirtschaft arbeiten daran, die Lieferungen an Erdgas aus Norwegen über Pipelines oder als Flüssiggas künftig auszuweiten. Norwegen seinerseits setzt alles daran, um seine Gasvorräte zu erschließen, auch wenn dafür teils erhebliche Investitionen erforderlich sind. So soll beispielsweise das Erdgasfeld Schneewittchen, das am weitesten im Norden des Landes liegt, unter Beteiligung ausländischer Investoren erschlossen werden. (9)

Auch **Algerien** verfügt über reiche Erdgaslager, die zunehmend verfügbar gemacht werden. Die Maghreb-Europa-Pipeline führt bereits von Algerien über Marokko nach Spanien. Eine neue Pipeline wird derzeit gebaut: die Transmed. Sie bringt algerisches Gas über Tunesien nach Sizilien und soll bis 2012 um ein Viertel wachsen. Ganz neu verlegt werden bis 2009 die Medgaz-Röhre von Algerien nach Spanien und bis 2012 die Galsi-Pipeline über Tunesien nach Sizilien. Dann wird Algeriens Pipeline-Kapazität nach Europa fast die Hälfte von Europas heutigem Import aus Russland erreichen.Das derzeit größte Pipeline-Projekt der Welt ist die 2 000 km lange **Trans-Asia-Gaspipeline**. Sie wird von Turkmenistan aus über

Usbekistan und Kasachstan bis zur Übergabestation an der chinesischen Grenze führen. Innerhalb von China sollen daran weitere 7 000 km Gaspipelines anschließen. Anfang 2010 sollen die Gaslieferungen nach China beginnen. Die Gesamtinvestition für die Pipeline in Usbekistan und Kasachstan sowie für die Gasfeldentwicklung in Turkmenistan wird auf 20 Milliarden US-Dollar geschätzt und gilt als das größte bislang getätigte Auslandsinvestment der Volksrepublik China. (10)

Auch die Pläne für die **Paneuropäische Öl-Pipeline** zwischen dem rumänischen Schwarzmeerhafen Constanza und der italienischen Adria-Hafenstadt Triest nehmen langsam Gestalt an. Die Kosten für den Bau der rund 1 300 km langen Pipeline werden auf bis zu 1,9 Milliarden Euro geschätzt. Die Bauarbeiten sollen 2011 beginnen. (11)

Zahlen & Fakten

Top 10 Länder nach Welterdgasvorkommen

Rang	Land	Anteil an Weltgasreserven in Prozent
1	Russland	26,30
2	Iran	15,50
3	Katar	14,00
4	Saudi-Arabien	3,90
5	USA	3,30
6	Vereinigte Arabische Emirate	3,30
7	Nigeria	2,90
8	Algerien	2,50
9	Venezuela	2,40
10	Kasachstan	1,70

GBI-Genios Grafik

Quelle: British Petrol (BP)

Entnommen aus: Sueddeutsche Zeitung, 18.03.2008, S. 8

Top 7 Pipelines im europäischen Erdgasmarkt nach Kapazität

Rang	Pipeline	Fertigstellung	Kapazität pro Jahr in Milliarden Kubikmetern
1	Ostseepipeline	2013	55
2	Transmed	2012	33
3	South Stream	2013	31
4	Nabucco	2020	31
5	Langeled	2007	20
6	Medgaz	2009	8
7	Galsi	2012	8

GB HGe lks Grafk

Quelle: Gas Infrastructure Europe (GIE

Entnommen aus: Sueddeutsche Zeitung, 18.03.2008, S. 8

Weiterführende Literatur

(1) Korrespondierende Röhren // Warum die USA und Deutschland über Russland und die Ostseepipeline streiten
aus Der Tagesspiegel Nr. 20024 VOM 13.09.2008 SEITE 008

(2) Georgien stellt Pipeline-Projekte in Frage
aus Frankfurter Allgemeine Zeitung, 15.08.2008, Nr. 190, S. 12

(3) Steinvorth, Daniel, Wie die Türkei zwischen

Russland und dem Westen laviert, Spiegel Online, 12.09.2008
aus Frankfurter Allgemeine Zeitung, 15.08.2008, Nr. 190, S. 12

(4) Nabucco-Pipeline teurer als geplant
aus Frankfurter Allgemeine Zeitung, 30.05.2008, Nr. 124, S. 12

(5) USA fürchten Moskaus Energiemacht Harsche Kritik an russischer Kontrolle über Exportrouten in den Westen · Sorge um Nabucco-Pipeline nach Georgienkrieg
aus Financial Times Deutschland vom 09.09.2008, Seite 14

(6) "Die Russen tasten die Pipelines in Georgien nicht an"
aus Frankfurter Allgemeine Zeitung, 29.08.2008, Nr. 202, S. 14

(7) In die Röhre geschaut
aus Handelsblatt Nr. 165 vom 26.08.08 Seite 2

(8) Polen fordert Stopp russischer Pipeline
aus Die Presse vom 2008-09-11, Seite: 6

(9) Deutsche setzen auf Gas aus Norwegen
aus Handelsblatt Nr. 178 vom 12.09.08 Seite 8

(10) ASIEN Trans-Asia-Gaspipeline: ILF arbeitet beim größten Pipelineprojekt der Welt mit
aus Erdöl Erdgas Kohle, Heft 7-8/2008, S. 292

(11) EUROPA Paneuropäische Öl-Pipeline nimmt Gestalt an
aus Erdöl Erdgas Kohle, Heft 7-8/2008, S. 290

Impressum

Energieversorgung - Kaukasus-Konflikt heizt Gerangel um Ostsee-Pipeline an

Bibliografische Information der deutschen Nationalbibliothek

Die Deutsche Nationalbibliothek verzeichnet diese Publikation in der deutschen Nationalbibliografie; detaillierte bibliografische Daten sind im Internet über http://dnb.d-nb.de abrufbar.

ISBN: 978-3-7379-2358-3

© 2015 GBI-Genios Deutsche Wirtschaftsdatenbank GmbH, Freischützstraße 96, 81927 München, www.genios.de

Alle Rechte vorbehalten. Dieses Werk ist einschließlich aller seiner Teile – z.B. Texte, Tabellen und Grafiken - urheberrechtlich geschützt. Jede Verwertung außerhalb der Grenzen des Urheberrechtsgesetzes bedarf der vorherigen Zustimmung des Verlags. Dies gilt insbesondere auch für auszugsweise Nachdrucke, fotomechanische

Vervielfältigungen (Fotokopie/Mikroskopie), Übersetzungen, Auswertungen durch Datenbanken oder ähnliche Einrichtungen und die Einspeicherung und Verarbeitung in elektronischen Systemen.